ख़्वाबों का कारवाँ

हिना शाइस्ता

ISBN 979-888546613-4

परिवार एवं मित्रों के लिए.

फेसबुक मित्रों का विशेष तौर पे शुक्रिया;

जिन्होंने लिखने के लिए प्रेरित किया और हौसलाफज़ाई की।

क्रम-सूची

क्रम-सूची

क्रम-सूची

क्रम-सूची

प्रस्तावना

लेखिका के बारे में........

हिना शाइस्ता की लेखन शैली बहुत प्रभावी और गहरी है ।सीधे मन से उकेरी हुई सुंदर अभिव्यक्ति पूर्ण रचनाएं हैं जो आपको नए संसार में बहुत आसानी से ले जाती हैं.....

शहला जावेद

प्रसिद्ध कवयित्री

हिना 'यानी मेहंदी का जब ज़िक्र आता है,तब ज़हन में ख़ूबसूरती से रचे हाथ याद आते हैं यहाँ ऐसी ही एक शख़्सियत की है बात,मेरी दोस्त 'हिना शाइस्ता'जिसका है नाम जो एक हर दिल अज़ीज़ सुखनवर, मुसव्वीर , शायरा और बेहतरीन दिल की मलिका हैं। हिना शाइस्ता जी से मेरी मुलाकात फेसबुक से हुई जैसे-जैसे उनकी शायरी को पढ़ा मैंने तब ये बात जानी कि दर्दमंदों के लिए उनके दिल में ख़ास जगह है । दिल की गहराइयों से लिखी गयीं ये नज़्में यक़ीनन बड़ी अनमोल हैं

बेनज़ीर अली

डाइवोर्सी उपन्यास की लेखक , कवि

भूमिका

ख़्वाबों का कारवाँ कैसे तैयार हुआ , कब तैयार हुआ ये मैं नहीं जानती मगर इतना तो मालूम छोटे-छोटे ख़्वाब मिलकर कर ही एक कारवाँ बनते हैं। और मेरा ये काव्य संग्रह भी ऐसे ही तैयार हुआ जब मैंने दिल में आने वाली बातों को कागज़ की ज़मीं पे उतरना शुरू किया और जब साझा किया तो दोस्तों ने हौसला अफ़ज़ाई की ।

"बर्फीली शाम भी सुलगती है".... कोरोना के समय में लिखी गई कविता है, जिसमें पंछी इंसानों के प्रतीक हैं।

"प्रवासी मजदूर "भी उसी समय की कविता है जब अचानक से लॉकडाउन हो गया था और मजदूरों को ख़ासी दिक्कत पेश हुई थी।

"एक जा चुके इंसान के लफ़्ज़"....... किसी अभिनेता की खुदकुशी के बाद लिखी गई रचना है। किस प्रकार इंसान अवसाद ग्रस्त हो कर अकेला पड़ जाता और उसके क़रीबी लोगों को जब तक इस बात की भनक होती तब तक वो कोई आत्मघाती कदम उठा चुका होता है।

इसके अलावा कुदरत की ख़ुबसूरती बयां करने वाली रचनाएं भी हैं । उम्मीद करती हूँ कि मेरी ये अनमोल कृति आपको पसंद आएगी।

अध्याय 1

उससे प्रार्थना करो या दुआ करो
उसको ना बाँटो सरहदों में
उसको ना बाँटो मज़हबों में
वो खुदा है
वो सबका है
दिल की हर सदा सुनता है
वो खुदा है ,सबकी दुआ सुनता है
शिकवा ना कर उसकी तक़सीम पे
ये दौर मुश्किल का गुज़र जाएगा
तूफ़ान जो उठा है वो गुज़र जाएगा
सजदे में सर झुका के तो देख
हाथ दुआओं में उठा के तो देख
शब जो आई है अंधेरी
सुबह भी आएगी कल
रोशनी का लश्कर चल पड़ा है
फ़लक के गोशों से
मगर बेख़बर है यहाँ हर बशर
उलझा पड़ा है
अदावतों के जाल में
नफ़रतों के ज़िंदाँ को तोड़
मुहब्बत की लौ जला के
हर किसी के लिए दुआ में हाथ उठा के देख

****अर्थ**********
सदा -voice

तकसीम -distribution
गोशो -corners
बशर -human
अदावत -hatered
ज़िंदाँ - jail

2. कलम और कविता

कलम और कविता मेरी
जब से आई बैठ सय्यारों की मजलिस से
एक सय्यारा भी उतर आया उनकी मुखबिरी को
अबोली है वो कलम मगर बोलती कितना है
रेख़्तों के मेरे बाग बग़ीचे में
हर्फ़-हर्फ़ हैं शगूफ़े ! लफ्ज़-लफ़्ज़ हैं ख़ुशबू
इनपर ख़िजा आती नहीं
ये हर रोज़ एक नया शगूफ़ा खिलाती हैं
ये मन्नतों के धागें हैं या कोई मेहर
या पोशीदा सी सेहर हैं
ये शब- ए -महताब हैं
बसते इनमें कितने गहरे जज़्बात हैं
ये पलकों के अश्क हैं
होठों की तबस्सुम हैं
हम सुखनवरों के दिलों की धड़कन हैं

शब्दार्थ****
साय्यारा=planet
मजलिस =सभा
शगूफा= कली
हर्फ़ =अल्फाबेट
पोशीदा= hidden
सेहर= जादू
शब-ए-माहताब= चाँदनी रात

3. बर्फ़ीली शाम भी सुलगती है

लहू उबाल पे है ज़रा वो सीने में आग सी जलती है
यूँ कहूँ मैं कभी -कभी बर्फ़ीली शाम भी सुलगती है

घबराया -घबराया सा आज यहाँ हर बशर लगता है
ना जाने क्यों अजनबी सा मुझे मेरा शहर लगता है

दबी-दबी सी सर्द पत्तियां क्यों शजर झुके-झुके से हैं
कौन मुजरिम है इनका किस बोझ तले सभी दबे हैं

गर्म साँसों की फूँक से बर्फ़ की वो परत पिघलती है
यूँ कहूँ मैं कभी- कभी बर्फ़ीली शाम भी सुलगती है

पंछी वो सारे दुबके पड़े हैं अपने -अपने नशेमन में
कल तक था साथ-साथ जिनका उड़ना दूर गगन में

पंखों को ज़रा -ज़रा झटक परवाज़ इनको करने दो
सरगम पे हक़ है इनका खुलकर गीत गुनगुनाने दो

क़ुरबतों का दौर हो रिश्तों में जमी बर्फ़ पिघलती है
यूँ कहूँ मैं कभी- कभी बर्फ़ीली शाम भी सुलगती है

हिना शाइस्ता
सर्वाधिकार सुरक्षित

4. कहानी की नई शुरुआत

इब्तिदा कहूँ मैं , आग़ाज़ कहूँ
या कहानी की नई शुरुआत कहूँ
नींदों के शहर से
लश्कर वो ख़्वाबों का चल पड़ा
पीछे अपने नूर की बारिशें लिए
शब की कचहरी से
महताब चल पड़ा
कलम ने की जो इब्तिदा
बहती हवा के साथ
लफ़्ज़ों का असर चल पड़ा
सुबह के चिलमन से
वो आफ़ताब चल पड़ा
अंधेरों से ख़ौफ क्या
जब आशनाई की आफ़ताब से
संग मेरे रौशनी का काफ़िला चल पड़ा
लफ़्ज़ों की जादूगरी संग
वो शजर - ए - सुखन चल पड़ा
इब्तिदा कहूँ मैं , आग़ाज़ कहूँ
या कहानी की नई शुरुआत कहूँ
****शब्दार्थ*******
इब्तिदा=beginning
आशनाई - दोस्ती
शजर - ए - सुख़न =Tree of poetry

अध्याय5

ख़्वाबों का मिटना मेरा कुछ ऐसा रहा

जैसे पल में बुलबुले का फ़ानी होना

उजाले दस्तक देते रहे

उलझी रही मैं दायरों के जाल में

दायरे ये बनाएं ख़ुद के ही थे

जो क़दम आगे बढ़ने देते नहीं

तोड़ा जो दायरा राह ख़ुद बनती गई

धूल का लिबास पहने

सोई पड़ी थी ख़ुद-एतमाद की गठरी

गठरी जो खोली मैंने

किरणें फूट पड़ीं

पर्वत के सीने से कुछ लहरें फूट पड़ीं

ख़ुद को ढूँढा तो पाया मैंने

उधार की रोशनी माँगती फिरी क्यों

जब चिंगारी दबी मुझपे पड़ी थी

ज़र्द पड़ी पत्तियां

देती सदाएं सब्ज़ आगाज़ को

ज़िन्दगी की थकन माँगती है

शुरुआत नई भोर की

क्यों ना अंधेरे के शहर में आफ़ताब नया बना दूँ

डगमगाती कश्ती को मैं साहिल से मिला दूँ

ज़िन्दगी के फ़लसफे में नई कहानी लिख दूँ

मैं राह -ए- मर्ग में ज़ीस्त की कहानी लिख दूँ

*****शब्दार्थ*****

फ़ानी- distroy
ख़ुद-एतमाद- self confidence
ज़र्द-yellow
सब्ज़-green
फलसफे -phillosphy
राह -ए- मर्ग-path of death
ज़ीस्त-life

अध्याय6

होश में ही थे सारे मगर एक दिन होश गँवा बैठे
जिस दिन वो सारे मंदिर और मस्जिद बना बैठे

नादान थे सारे कितने सियासत समझ ना सके
धुएँ के सुतूनो पे खड़े वो धुएँ के घर सजा बैठे

एक कलम ही थी जो ना आयी किसी झांसे में
उठा कलम अदीब अनगिनत सूरज खिला बैठे

कलम को भी कभी फांसी दी गई हक़ बयानी पे
अदीब तुम ख़ुद को किसके प्यादे मोहरे बना बैठे

कलम सच्ची कब झुकती डरती किसी से "हिना "
हम अदीबों ने चाहा जब कभी पर्वत झुका बैठे

शब्दार्थ
सुतून- pillars/खंभे
हक बयानी -true description
अदीब -writer/ literary figureartist

अध्याय7

जो नींद ना आई तो
कर ली बातें दीवारों से
इक उम्र गुज़ारी है इनके साथ
ये सुनती भी हैं और समझती भी है
शोरीदा हैं आज दर - ओ - दीवार
मेरे कच्चे मकान की
गुफ़्त - ओ - शुनिद चली सारी रैन
अब आज जो बारिश हुई दुबारा
हम रहें या ना रहें
इस मुफ़लिस की छत ना रहेगी
ज़ार - ओ - क़तार रोएंगी बदलियां
और समझेंगे लोग की वो बरस रहीं हैं

** शब्दार्थ**
शोरीदा= disturbed
गुफ्त ओ शुनीद =saying n listening
ज़ार ओ क़तार= unstoppable weeping

अध्याय8

पता है तुम्हें
एक महकते आँचल की छाँव तले
मिला जन्नत सा सुकून
और दिल उड़ चला
एक जादू की बस्ती में
बहती हैं जहाँ नदियां नींदों की
जल्द ही पलकों की दहलीज़ पर
देने लगे दस्तक कुछ ख़्वाब
अभी ना जगाओ मुझे
थोड़े से ही सही मगर
कुछ ख़्वाबों को तो
होने दो मुकम्मल
कुछ का टूट जाना
ही हक़ीक़त है
समेटने दो मुझे
कुछ चमकीले टुकड़े
टूटे हुए ख़्वाबों के
कुछ रहेंगे मेरे पास
तकिए के नीचे
कुछ करेंगे हलचल
और बनेंगी तरंगें
उस नीली सी नदी में
जहाँ बहती हैं नींदें.......

9. ग़ज़ल

वादी- ए -चश्म में ख़्वाबों का तोहफ़ा नज़र किसने किया
ना मालूम मेरे तसव्वुर में जादू सा असर किसने किया

परिंदे ख़्वाहिशों के करते रहे परवाज़ इन्हीं वादियों में कहीं
खुलती -बन्द होती इन पलकों में शाम-ओ-सहर किसने किया

दामन- ए- उम्मीद को क्या थामना जब तग़ाफ़ुल बा ज़ाहिर
खुदाया ! आज पिघलते हुए मोम को पत्थर किसने किया

सुलगते रास्ते ये आतिश - फिशां बारिश और कदम ज़ख्मी
हालत- ए- तिशंगी में ज़मज़म को ज़हर किसने किया

काँटो के साएबाँ में सोता रहा चैन से ज़ख्मी दिल "हिना"
दर्द की गर्द से लिपटी बस्ती में आज गुज़र किसने कि'या......

अर्थ******
वादी- ए -चश्म = vally of eye
आतिश - फिशां= fire spewing
साएबाँ = canopy
ज़मज़म =holy well

अध्याय10

बियाबानों में सूखे पत्तों की उटज बनाई किसने
चनारों के बीच छोटी सी वो शमा जलाई किसने

थरथराते हाथों वाली बूढ़ी काया है भटकती वहाँ
तिनके चुन- चुन के अपनी चिता सजाई किसने

झुर्रियों से भरे चेहरे पे अनगिनत पगडंडियाँ हैं
हथेलियों में स्पंदित होती दिल की धमनियां हैं

झुकी कमर और लाठी की गूँजती है ठक- ठक
ज़िंदा रूह की भटकती हुई कितनी बेचैनियाँ हैं

सन्नाटा ऐसा कि जिसकी ख़नक दूर तक सुनाई दे
अंधेरों में चलते फिरते से ख़्वाबों के साए दिखाई दे

दमघोंटू माहौल में अंबर की जब खुली खिड़कियां
खिड़कियों से उठ आँधियां अपने वजूद की गवाही दे

हिना "शाइस्ता"

उटज = झोपड़ी*

अध्याय11

तू आसमाँ है ,पता है मुझे
मगर रहने दे तू ज़मीं ही मुझे
मिलेंगे हर रोज़ हम वहीं
क्षितिज पर जहाँ
खुशबूओं का क़ाफ़िला हो
और शफ़क़ की सुर्ख़ी हो
जब -जब झकेंगी किरणें
आफ़ताब के चिलमन से
और झिलमिलाती होंगी
लहरें सागर की
इठलाती होंगी छूकर
साहिल को बार- बार
मिलेंगे हम वहीं
एहसासों की आँच पर
दहकेगा वो सूरज ज़रा और
इन रेशमी लम्हों में
तुम बस
इस तरह थामे रखना
मेरा हाथ
जैसे साँसों ने थामी है
डोर मेरी ज़िन्दगी की

12. चाँद वो हरजाई नहीं लगता

सर्दिली रातों में
चाँदनी पिघल- पिघल टपकती है
और कत्थई- सी मेरी आँखो में जा बसती है
मुद्दतों से देखती आई हूँ जिसे

चाँद वो हरजाई नहीं लगता मुझे

उठाकर कुछ मिट्टी चाँद से

आँगन में अपने बिछाना चाहती हूँ

मैं एक पौधा आँगन में अपने

चाँद का लगाना चाहती हूँ

एक आसमाँ नया चाहती हूँ बनाना

शबनमी सी रातों में भीगे सपनों को

टिमटिमाते चाहती हूँ देखना वहाँ

बैठ फूलों से सजे उड़न खटोले पे

पंछियों से आगे उड़ जाना चाहती हूँ

आँगन में मैं अपने चाँद रोपना चाहती हूँ

रजनीगंधा के गुच्छे महकेंगे जब

करिश्मायी मिट्टी से उभर

एक पौध निकलेगी जब

संग हवा के वो बलखाती सी निकलेगी

दिखती जो उजले सीप सी, उस कली के खोल से

छिटकेगी चाँदनी कुछ, बड़ी दूर तलक

उस नन्ही कली से फूट जब

चाँद वो उजला - सा आएगा बाहर

और कहेगा मुस्कुराता हुआ

आज खिला हूँ मैं आँगन में तुम्हारे

मुझे बना कर ख़्वाब आँखो में अपने बसा लो

13. कह दूँ के फिर बसंत आया

. . . .

कह दूँ के फिर बसंत आया ....

पतझड़ से सहमे पेड़ों को मिले नए-नए लिबास,
शरमाई -इतराई कलियों को मिला नया आधार।
चाँदी के गोटों वाली झिलमिल चुनर ओढ़ा कर -
रंग -बिरंगी तितलियां कर रहीं धरती का श्रृंगार।।

मद्धम-मद्धम सी चलने लगी कोई मीठी बयार,
लेकर वो संग अपने खुशियां सतरंगी सी अपार।
पीली- पीली सरसो के फूल वो सारे झूमे गाएँ -
आम के मंजरियों ने फिर से लगाई है पुकार।।

चहक- चहक बोल रही आँगन में मेरे गौरैया,
महक- महक बह रही मदमस्त सी पुरवईया ।
अलसाई धरती ने आँख खोल है ली अंगड़ाई-
सब बौराए से हैं यहाँ , ये मौसम है या छलिया।।

रगों को जमाने वाली सर्दी से अब छूटा पीछा,
पलकों में खिल उठा फूल वो अमलतास का।
चुनर शरमा -शरमा कर हुई जाती गुलमोहरी -
कह दूँ के फिर बसंत आया, फिर बसंत आया।।

14. मैं नहीं कोयल तेरे देस की....

मैं नहीं कोयल तेरे देस की

कैसे कोई तान सुनाऊं

रूंध गए स्वर सारे

दिल से निकलती है हूक

लागे कैसे मीठी तुमको मेरी कूक

ठिकाना था जहाँ मेरा

वो शाख़ भी जल गई

जल गया वो शजर भी

दर-बदर हुए हम परिंदे

ढूँढते साएबाँ टूटी इमारतों तले

ख़बर है हमको भी

ये ज़मी तो जल चुकी पहले ही

अब तो गिरते शरारे आसमानों से भी

कहाँ गए वो सनोबर ,कहाँ गईं चिनारें

कहाँ गई वो बुलबुल ,कहाँ गए फाख़्ते

हमें उजाड़ कर जो सोते चैन से

कह दूँ मैं नहीं वो कोयल

जो गाती खिड़कियों पे सुबह-सवेरे

ना ये बाग़ हैं मेरे

ना ये मंजरियां मेरी

देस तो जल गया मेरा

ये देस नहीं मेरा

मैं हूँ अब पनाह गुज़ीं (शरणार्थी)

15. गीत आख़िरी प्रेम के...

अबकी बार जो आई बारिश
बरसा गीत प्रेम का
बूँदो ने जब छेडी तान
सरगम में थे उसके गीत आख़िरी प्रेम के
झलक पड़े सभी नदियाँ और ताल
होकर लबालब प्रेम से
घुमड़ते हुए बादल लाते हैं
पैग़ाम कुछ अमर प्रेम के
धरती को करते सराबोर वो
अपनी नन्ही बूँदो से
पाकर प्यार इतना
धरती सूखी फिर खिल जाती है
आँचल पे उसके सब्ज़ सी रंगत फिर छा जाती है

16. पुल

एक दूजे से कटे-कटे रहे
ज़मीन के दो टुकड़े
खाई बनती गई उन दोनों के दरम्यां
गिले शिकवों ने बना डाली
खाई गहरी और भी
मुद्दतें बीत गईं
ज्यों के त्यों रहें
वो फासलें अज़ीम
अपनी-अपनी अना से बंधे रहे दोनों
किसी ने ना की पहल
ख़ुद को जोड़ने की दूसरे से
क़तरा-क़तरा गिरे जो अश्क़
बन गए दरिया
दरिया में बहते रहे कुछ सर्द अहसास
कुछ तल्ख़ जज़्बात
हम रहे इस पार
और कुछ अपने मेरे, उस पार
ज़रूरत है मज़बूत सुतूनों पे खड़े
एक पुल के ता'मीर की
ना करें अलम किसी बात का
एक पुल बना जोड़ लें
माज़ी को मुस्तक़बिल से
एक पुल बना जोड़ लें
ज़र्मीं को आसमाँ से
शब्दार्थ

अना= अहंकार
तामीर=निर्माण
माज़ी=past
मुस्तक़बिल= future

17. जीवन का गुल्लक

कुछ खुशियाँ ,कुछ आँसू
कुछ मुस्कुराहट,कुछ गुस्सा
कुछ धूप ,कुछ छाँव
कुछ दमकती काया
कुछ मोह,कुछ माया
कुछ भागम भाग ज़िन्दगी की
कुछ थकन ज़िन्दगी की
कुछ पल फुर्सत के
कुछ फुर्सत को तरसते पल
कुछ संघर्ष ,कुछ समझौते
कुछ हार,कुछ जीत
कुछ दुलार,कुछ प्यार
कुछ अल्हड़ता,कुछ नादानियां
कुछ अनुभव,कुछ समझदारियां
कुछ बेफ़िक्री जवानी की
कुछ झुर्रियां ढलती उम्र की
कुछ उलझनों के जाल
कुछ चाँदी के बाल
क्या कुछ नहीं रखा है
जीवन के इस गुल्लक में
इन सिक्कों से भर
गुल्लक मुस्काता है
ख़ुद को वो परिपूर्ण पाता है

अध्याय18

एक वीरान सा पड़ा खंडहर देखा
जब भी झाँका अपने अंदर देखा

सूनी आँखें और सिसकती हँसी
और मुस्कुराहटों का कहर देखा

ख़्वाब थे ख़ुलूस-ओ-मुहब्बत भरे
टूटते बिखरते उन्हें इक पहर देखा

टूटे क्यूँ पंख क्या था उसका कुसूर
घायल वो पँछी मन के भीतर देखा

जाने कब से चीख़ती है ये ख़ामोशी
मन के कफ़स का किसने मंज़र देखा

छलनी हुआ जाता है दिल-ओ-जान
ग़मों का चुभता किसने खंज़र देखा

कितनी दी आवाज़ें कितना था पुकारा
अश्क़ों को अपनों पर ही बेअसर देखा

जब कभी कोशिश की चलने की तूने
काँपती ज़मीं, डगमगाता सफ़र देखा

हो गया लाइलाज तेरा हर मर्ज़"हिना"

बीमार पड़ा अपना ये मुक़द्दर देखा

अर्थ_ कफ़स=पिंजड़ा,क़ैद

19. आई है रुत सावन की.....

खनन-खनन खन चूड़ी खनके
छमक-छमक छम पायल छमके
उड़ी-उड़ी उड़ी जाए रे चुनरिया
चमक-चमक चमके रे बिजुरिया
कि आयी है रुत सावन की...

घनन-घनन घनघोर घटा छाई
बूँद - बूँद में है सरगम समाई
खनक - खनक खनके कंगना
बरस-बरस सावन मेरे अंगना
कि आई है रुत सावन की...

चहुँ ओर छाई है हरियाली
फूलों के अधरों पर लाली
चमन-चमन पे छायी बहार
गुल -ओ -गुलशन पे निखार
की आई है रुत सावन की ...

फूल और कलियाँ लगी महकने
हरी-हरी वादियां लगी बहकने
गुन-गुन गुन-गुन भँवरे गुनगुनाये
मधुर-मधुर अपना संगीत सुनाए
कि आई है रुत सावन की......

सनन - सनन सन चली पवन
झूमी धरती और झूमे गगन
उफन - उफन कर नदी चली
सागर से अपने वो जा मिली
कि आई है रुत सावन की.....

टरर- टरर टर्र मेंढक गाये
कुहू - कुहू कोयलिया गाये
देखो सोने की सोनचिरैया
नाच रही अब ता ता थैया
की आई है रुत सावन की...

हरी-हरी चुडियाँ मुझे भाए
सखी छेड़े मुझे और मुस्काए
सावन में झूले मुझको बुलाएं
सखियाँ सावन के गीत गाएं
की आई है रुत सावन की...

सजा लो बालों में गजरा
लगा लो नयनों में कजरा
सखी आओ मेहंदी रचाओ
गीत ज़रा सावन के गाओ
की आई है रुत सावन की...

भीगा-भीगा है मेरा तन सखी
भीगा-भीगा है मेरा मन सखी
सखी आओ ज़रा भीग जाओ
संग-संग अब मेरे नाचो गाओ
की आई है रुत सावन की...

20. पिंजरा(कविता/नज़्म)

मन के पिंजरे का पँछी
कहाँ-कहाँ नहीं उड़ता
कभी उफनती लहरों के ऊपर
कभी दरख़्तों पे
खुली हवाओं का ज़ायका भर के साँसों में
मस्जिदों की गुंबद पे जा बैठता
उसकी पाकीज़गी को महसूस करता
कभी तसव्वुर में अपने
मिलों लंबे सफ़र तय कर आता
थक-हार कर लौट फिर उसी पिंजरे में आता है
बे-हरक़त सा बैठ जाता किसी कोने में
क़फ़स से इतनी मोहब्बत किसी की ना दिखी
रूह के ये परिंदे हैं
क़ैद हड्डियों के ढांचों में फड़फड़ाते हैं पँख अपने
वक़्त पूरा होने तक रहेंगे ये जिस्मों के क़फ़स में
उनको डर है पकड़ ना लिया जाऊँ
किसी सय्याद के हाथों
कर दिया जाऊँ क़त्ल किसी मक़तल में
लहू के उठेंगे कुछ फव्वारे
कुछ गिरेंगे फर्श पे , कुछ पड़ेंगे दामन पे
फिर कर दिए जाएंगे साफ़ ,
मिटा दिए जाएंगे निशां
हम अदने से पंछी हैं "क़फ़स हमारा मुक़द्दर है"
शाहीन सा ऊँचा उड़ने की ना कुव्वत है
ना पँखो में उतनी जान

आसमानों की दस्तरस पा कैसे सकते हम

*******शब्दार्थ*********

ज़ायका= taste

पाकीज़गी= purity/ पवित्रता

तसव्वुर= imagination

बेहरकत= without moving

क़फ़स=cage

सय्याद= Fowler/ shikari / baheliya

मक़तल slaughterhouse

शाहीन= hawk , eagle

क़ुव्वत Power, authority, strength

दस्तरस=Reach , access

21. मुक्तक

चलने लगी है ठंडी सी पुरवाई ,
तारों ने ली है ज़रा सी अंगड़ाई।
लफ़्ज़ मेरे करने लगे हैं श्रृंगार _
बनने लगे सारे ग़ज़ल औ रूबाई।।

हिना शाइस्ता

22. मैं औरत हूँ

रेशम की एक डोर हूँ
धरती की मैं छोर हूँ
मैं ही समस्त सृष्टि हूँ
मैं ही पावन दृष्टि हूँ
मज़बूत इरादे सरमाया है
कोमल हृदय मैंने पाया है
आँखो का बहता पानी हूँ
ज़िंदगी की मैं तो रवानी हूँ
हर फ़र्ज़ बख़ूबी निभाया है
दुखों को भी गले लगाया है
जब कभी टूटती बिखरती हूँ
ख़ुद को ख़ुद ही समेटती हूँ
कभी सपनों के लिए जीती
कभी अपनों के लिए जीती
रिश्तों की बुनियाद भी मैं हूँ
सपनों का आकाश भी मैं हूँ
मैं जीत हूँ प्रीत हूँ हौसला हूँ
ज़िन्दगी का एक फ़लसफ़ा हूँ
ममता की पहचान मुझसे है
हौसलों की उड़ान मुझसे है
मैं ही मरियम मैं ही सीता हूँ
और मैं ही शक्ति स्वरूपा हूँ
छोटी सी अभिलाषा हूँ
मैं वर्तनी मैं ही भाषा हूँ
पर रहती हरदम मौन हूँ

बूझो तो ज़रा मैं कौन हूँ
कोई नहीं एक औरत हूँ
मैं औरत हूँ मैं औरत हूँ

23. वो अंदलीब अब गाती नहीं

वो अंदलीब अब जाने क्यूँ गाती नहीं
वादियों से उसकी सदा अब आती नहीं

तल्ख़ सा है बड़ा मौसम का मिजाज़
हवाएँ भी जाने क्यूँ गुनगुनाती नहीं

गुमसुम उदास है वो चमकता चाँद भी
क्यों वो चाँदनी आज मुस्कुराती नहीं

जब दर्द छुपा रखा है सीने में भरपूर
आज शबनम क्यों आँसू बहाती नहीं

ख़्वाबों के रंग सारे हो गए ख़फ़ा मुझसे
इसलिए मैं अपनी पलकें गिराती नहीं

क्योंकि मैं हूँ हमराही इस तारीकी की
नींद इसलिए मुझे रात भर आती नहीं

कहे "हिना" दिल पे ना लो कोई बात
मुनाफ़िक़ नज़रें कभी शरमाती नहीं

****शब्दार्थ*****
*अंदलीब=बुलबुल
*सदा=आवाज़
*तल्ख़=कड़वा

*तारीकी=अंधेरा
*मुनाफ़िक़-पाखण्डी

अध्याय 24

मुझसे छुपी नहीं है
कैफ़ियत तुम्हारी
रह- रह कर जो सागर
दर्द का उफ़नता है
सीने में तुम्हारे
तोड़ के सारे तटों को
निकल जाना चाहता है दूर
पलकों में तुम्हारे
बनते रहते हैं
जो नन्हें से मोती
मैं भी तो बसती हूँ ना वहीं
रोक लो इनको बहने से
बह ना जाऊँ मैं भी कहीं
जज़्बातों के इस सैलाब संग

अध्याय25

राह-ए-इश्क़ में ऊँचा मकाम तो लो
आज सर अपने कोई इल्ज़ाम तो लो

मुहब्बत भरे इस दिल को दफना दो
मेरी वफ़ाओं से आज इंतेकाम तो लो

जनाज़ा गुजरेगा तेरी गली होकर ही
खिड़की पे आकर मेरा सलाम तो लो

सींचा है तुमको अश्क़ों से अपने सदा
काँटो ज़रा आज दामन मेरा थाम तो लो

बर्बादियों के अफ़साने की किरदार हूँ
कभी भूले से ही "हिना" मेरा नाम तो लो

हिना शाइस्ता

26. प्रवासी मजदूरों की व्यथा

कारवाँ कब तक हमारा चलता रहेगा
और ठिकाना भी यूंही बदलता रहेगा
मंज़िल का पता नहीं पर चल पड़े हैं
देश के कोने -कोने से हम चल पड़े हैं

कभी इस नगर को कभी उस डगर
हम तो हो रहें हैं हरदम बस दर-बदर
भूख लगी जब ठोकर हमने खा लिया
प्यास लगी जब कभी आँसू पी लिया

होकर हम बेगाने बस बदलते रहे अपने ठिकाने.....

चले थे कमाने जहाँ से दो जून रोटी
लौट रहे हैं हम सब अब वापस वहीं
नम पलकें हैं अपनी हलक भी सूखी
बची नहीं अब वो रोटी भी रूखी-सूखी

पत्थर को एक बना लिया है तकिया
चादर आकाश की ओढ़ हमने लिया
कभी सो जाते हैं हम गरम सड़क पर
और सो गए कभी रेल की पटरियों पर

होकर हम बेगाने बस बदलते रहे अपने ठिकाने.......

जिन हुक्मरानों को दिया था हमने वोट

बदले में उनसे मिली हमको सिर्फ चोट
व्यवस्था की ,कभी पुलिस की पड़ी मार
हम मेहनतकश कैसे बने आज लाचार

जिस देश के हैं सदियों से हम वासी
आसानी से कह दिया गया हमें प्रवासी
मिली नहीं देखो जगह हमको वहाँ भी
चलती थी हमारे दम से वो जो फैक्टरी

होकर हम बेगाने बस बदलते रहे अपने ठिकाने........

हम तड़पते रहते हम सिसकते रहते है
तपती धूप में यूँ नंगे पाँव चलते रहते हैं
बनके जुगनू राह ख़ुद ही रोशन करते हैं
हम बस यूंही अपने ठिकाने बदलते हैं

किस्मत जाने कब तलक रूठी रहेगी
बेबस आँखों में ज़िन्दगी ये रूठी रहेगी
ना बदली कभी हमारी ये परिस्थितियां
ना बदलेंगी कभी हमारी ये मजबूरियां

होकर हम बेगाने बस बदलते रहे अपने ठिकाने.......

अध्याय27

भटकती रही बियाबाँ में
ना निशान मिले क़दमों के
ना कोई रहबर मिला
ना मंज़िल मिली,ना रास्ता मिला
ना कोई हम-क़दम,ना कोई घर मिला
मुझको तो ख़ुदा भी वो सितमगर मिला
क्या कहूँ जब हो दरमियां कर्गस-ओ-उक़ाब
एक शिकस्ता-पर परिंदे को
उड़ने कब आसमाँ मिला

हिना शाइस्ता

*****शब्दार्थ******
बियाबान=निर्जन स्थान
सितम गर= सितम करने वाला
शिक्सता पर= टूटे हुए पंख
कर्गस-ओ-उक़ाब = शिकारी चिड़िया
चील, गिद्ध इत्यादि

28. इमारत

मुझे फिर याद आयी है
पाज़ेब की झनकार
कुछ सरगोशियाँ
कुछ गुल-पोशियाँ
बच्चों की किलकारियाँ
नानी की गुल-कारियाँ
दीवारों को सहलाते पर्दे
खिड़की से छन कर आती धूप
गेंद से लगी चोटें
अम्मा की गोदी
बाबा का कंधा
दादी की तस्बीह के दाने
बेटियों की खनकती हँसी
छत पे सूखते दाने गेहूं के
कोनों में रखे गुलदस्ते
रसोई से आती खुशबू
परियों की कहानियां
आँगन में झांकता चाँद
मैं इमारत हूँ तन्हा - तन्हा
मैं फिर से "घर" होना चाहती हूँ

29. मनमौजी

मनवा बड़ा मनमौजी री सखी
है वो एक रमता जोगी सखी

है तो ये कोई पागल सिरफिरा
मन का कभी बजाए वो मंजीरा

कभी तो बन जाए वो एक बंजारा
ख़्वाहिश इसके आवारा-आवारा

बेफ़िक्र एक झरना मस्त मलंग
दूर कहीं उड़ती जैसे कोई पतंग

यमुना तीरे कभी वो रास रचाए
कभी ख़ुद में ख़ुद ही डूब जाए

डफ़ली दिल की थिरकाता जाए
धुन पे धड़कनों की मल्हार गाए

पहरे इसपे क्या लगा सकता कोई
क़ैद कर सकता ना उसे कभी कोई

ये तो है पँछी, बुलबुल सा उड़ जाता है
किसी ऊँची शाख़ पे मीठे गीत गाता है

30. सुनहरे पल (उद्धरण)

लम्हा- लम्हा टूट बिखर रहे हैं सुनहरे पलों के मोती
जी लो इनको जी भर, बन जाएंगी यही याद सुनहरी

हिना शाइस्ता

31. किरदार (उद्धरण)

परदे के पीछे हर किरदार मुज़मर से दिखे
इस मरहले में आज तमाशे कितने दिखे

हिना शाइस्ता
******शब्दार्थ**********
मुज़मर= hidden
मरहले= stage, difficulty

32. तुम , मैं और चाय
(कविता)

सुनो साँवली सी लड़की
देख कर चाय को
आई याद तुम्हारी फिर से
कैफ़े के आख़िरी छोर पे
गोल सी जो मेज़ थी
मेज़ से सटे शीशे के दरीचों से
रिमझिम बारिश की बूँदें
लकीर बनाती चल रही थीं
शाम की सुर्ख़ी में
पत्तों से कभी टकराती गिर रहीं थी
भीगी -भीगी सी तुम
सिमटी -सिमटी सी तुम

लंबी ज़ुल्फों में, समेटे बादल को
गुज़रा करती थी
कभी तुम्हारा हाथ हिलाना
कभी उस रिज़र्व्ड
चेयर पे आके बैठ जाना
याद आता है वो तुम्हारा
बारिश सा मुस्कुराना
चाय सी मीठी,चाय सी सलोनी तुम
इलाइची सी खुशबूदार तुम
ऐसा लगता था
जहाँ में नहीं है और कुछ
है तो बस "तुम मैं और चाय"

33. चिड़िए की इल्तिजा

नन्ही सी चिड़िया
अब तलक ना पहुँची
नशेमन तक अपने
इल्तिजा(अनुरोध) है खुदा से
कुछ देर तो रोक रखे
सूरज को होने से ग़ुरूब
तलाश में दाने पानी की
नन्हें पँखो को फैला
वो उड़ी थी
मशरिक़ से मग़रीब तक
हाँ कितनी बार वो उड़ी थी
मशरीक से मग़रीब तक
ज्यों उगता है आफ़ताब
मशरीक़ से मग़रीब तक
हवा है तेज़ बड़ी
अंदेशा तूफानों का है
नन्हें बच्चों के लिए
लेकर दाना जाना है
चीं -चीं कर दे रहे सदाएँ
जाकर उनको गले लगाना है
बड़ी -बड़ी बूँदो से गीले हो
नन्हें पँख हुए हैं भारी
फिर भी दिशा में उलटे हवा के
उसको उड़ जाना है
इल्तिजा है खुदा से

कुछ देर रोक तूफ़ानों को
उसे अपने नशेमन तक जाना है

*******शब्दार्थ*********
नशेमन _घोंसला
ग़ुरूब_ sunset
मशरीक़ से मग़ रीब _पूरब से पश्चिम

34. छोटी गौरैया

हर रोज़ छत की रेलिंग पे अपने
कुछ दाने बाजरे के मैं रखती हूँ
तुमको पुकारती
तुमको बुलाती हूँ
दानों संग खाली एक गमले में
भरती हूँ पानी भी
पीली चोंच और चमकीली आँखों वाली
आती है मैनी चिरैया एक
उसमें डुबकी लगाती है
कभी अपनी सखियों संग
कभी अकेली
प्यास अपनी बुझाती है
यहाँ -वहाँ फुदकती हुई
गीत कोई गाती है
तुम क्यों आती नही मुंडेर मेरे
छोटी सी गौरैया मेरी
ये देस तुम्हारा अपना है
मैं भी तो हूँ तुम्हारी अपनी
एक दिन विदा हो जाऊंगी
बाबुल के द्वार से
बिटिया को होना पराई एक दिन
ये उसकी नियति है
तुमको फिर कौन पुकारेगा
तुमको फिर कौन बुलाएगा

35. काला धब्बा

काला हूँ मैं !एक धब्बा ही तो हूँ मैं काला-काला
कभी बनके तिल नन्हा-सा मुखड़े पे मैं खिलता

कभी बनकर के ज्योत नयनों की मैं चमकता हूँ
कभी बन के वो बादल काले-काले मैं बरसता हूँ

काली है वो रात भी ! है रात वो काली-काली सी
आँचल में अपने देख कितने सितारे टाँक है लाती

दूर तलक बड़ी दूर तलक जब स्याही फैल जाती
उस आसमाँ पे शब दुल्हन सी सज-घज के आती

दिखेगी ख़ूबसूरती चाँद-तारों की बोलो ज़रा कैसे
ना बिखरी हो ये कालिमा जब-तक इस फलक पे

रहना नहीं है मुझे बस्ती में सफेदपोशों की दोस्तों
दामन इनके हैं उजले और मन काले हैं क्यों दोस्तों

मन पे लगे अपने दाग़ काले क्यों धो सकते नहीं वो
और छुपाते फिरते हैं दामन पे लगा धब्बा काला वो

हिना

36. ग़ज़ल

जैसे ठिठुरती सर्दी में धूप की हमें नवाज़िश अच्छी लगती है
आँखो से रह- रह के झलकती वो मुहब्बत मुझे सच्ची लगती है

शाम के सहर से मिलने जैसी है तारों के शब में खिलने जैसी है
मुझको तो बस दिल आवेज़ वो मुस्कुराहट अच्छी लगती है

शमा को जलने दो कुछ देर और भँवरों को करने दो रक़्स उनपे
तोड़ो नहीं इसे बाग़ की ये कली गुलाबी अभी कच्ची लगती है

मौजें शोर मचाती हैं ज़ेहन में ये सागर इतना उमड़ता क्यों है
मुझको तो ख़ामोशियों की गुफ़्त-ओ-शुनीद अच्छी लगती है

नदी उफन कर यूँ चल पड़ी है दहलीज़ सब पार कर बह चली है
ये इंतहा -ए- इश्क ही है "हिना" वो तो मीरा सी सच्ची लगती है

37. एक जा चुके इंसान के लफ्ज़.........

जीते जी भले ही किसी ने मेरा हाल ना पूछा हो
भले ही मुस्कुराते चेहरे के पीछे दर्द ना देखा हो
भले ही कोई मुझसे मिलने ना आया हो पर
अब जो मैं चला गया आज
तो कल मैं अख़बार की सुर्ख़ियां बना लूंगा
इस चमकते चेहरे ने शायद
खाए होंगें ख़ंजर सीने में
सब आएंगे ,देखने सब आएंगे
मिलने सब आएंगे
मरहम लगाने ?
मगर मरहम की अब ज़रूरत क्या है मुझे
अंतिम विदाई देने सब आएंगे
सब मेरे जाने का कारण पूछेंगे
मेरे ख़ामोश हो जाने के बाद
वो मेरे ख़ामोश चेहरे से ख़ामोशी का राज़ पूछेंगे
जबकि अब मैं इतना ख़ामोश हूँ
कि कुछ बता नहीं सकता
जब बता सकता था , तब तुमने पूछा ही नहीं
हाँ ! मैं बात नहीं करता था ,
मगर तुमने क्यों नहीं की बात
हाँ !भीड़ में रहने का आदी मैं ,
अकेला रहता था
पर तुमने क्यों छोड़ा मुझे अकेला
हाँ ! मैं मिलने नहीं आता था

पर तुम क्यों नहीं आए मिलने
अब आए हो , जब मैं जा चुका हूँ
और अगर मैं स्त्री हुई
तब तो और भी कहानियाँ गढ़ी जाएंगी
अविवाहित हुई तो क़िस्से बनेंगे
कि प्रेमी के संग अनबन हो गई होगी
विवाहिता हुई तो, पति को पसंद नहीं होगी
मनगढ़ंत अफ़साने !!
मेरी मर्यादा को चोट पहुँचाने वाले!
सब अपनी सोच को विस्तार देंगे
ऐसा हुआ होगा
वैसा हुआ होगा
जिन्होंने तब नहीं सोचा
उनलोगों का अब इतना सोचना भी
वाक़ई सोचने वाली बात है........
ख़बर जल्द ही पुरानी हो जाएगी
आज हूँ मैं सुर्ख़ियों में
कल कोई और होगा

____

(((ये एक अभिनेता के खुदकुशी के बाद
लिखी गई रचना है)))

अध्याय38

रातें थी कुछ नीली-नीली सी
और थी बारिश सितारों की

मिली हौले से कुछ परछाइयाँ
हवा ने है सुनाई कुछ रुबाईयाँ

चमक सा उठा वो चाँद प्यारा
महक उठा फिर से समां सारा

चाँद तारों ने मिल के दुआ है की
ना हिज़्र हो कभी पाक दिलों की

हिना

अध्याय39

सड़क पे कचरा बीन रहा है बच्चा
कूड़े में जाने क्या ढूँढ रहा है बच्चा

मैंने सोचा वो स्कूल नहीं जाता होगा
अक्षरों को भी नहीं पहचानता होगा

ना उसको चाहिए किताब कॉपियां
उसको तो चाहिए बस कुछ रोटियां

तभी दिखा उसको रोटी का टुकड़ा
खिल उठा उसका प्यारा सा मुखड़ा

इससे पहले वो रोटी को उठा पाता
और आग अपने पेट की बुझा पाता

एक कौआ लेकर रोटी उड़ जाता है
नन्हा वो बच्चा देखता ही रह जाता है

दुनिया कहती इनको कि ये बेचारे हैं
दरअसल ये सभी तकदीर के मारे हैं

अब दुनियावालों को है कौन समझाता
इनका तो बचपन ही कभी नहीं आता

अध्याय40

माँ तू रोटी लाने जो निकली है
लौट कर अब तक ना आई है

हम थक गए हैं राह तेरी तकते
फिर भी तेरी प्रतीक्षा हैं करते

आँख भरी और पेट है खाली
पैसों की नहीं करते रखवाली

रुपए - पैसे तो हमें नहीं चाहिए
केवल दो बोल मीठे से चाहिए

तकिया ना कोई चादर मेरे पास
ना माँ के आने की कोई आस

बहन मैं ही तेरा सहारा बनूंगा
हर एक कष्टों को तेरे मै हरुंगा

बहना आ सो जा मेरी गोद में
मै सोऊँ इस धरती की गोद में

खुला आकाश ही है छत हमारी
दुखों से तो अपनी है गहरी यारी

देख अब तो सारा जहाँ हमारा है

ऊँचा हौसला ही अपना सहारा है

41. चुनाव

लोकतंत्र में बने बैठे हैं
गधे सारे मतदाता
कहीं सियार तो कहीं
भेड़िया है चिल्लाता
ज्यों ज्यों देखो
दिन चुनाव का है करीब आता
व्याघ्र ने खोंसा तिनका कानों में
किया घोषित शाकाहारी ख़ुद को
कल जो मिली थी हड्डियां कुछ
पीछे गुफा के उनका क्या
मासूमों को फंसाने की थी
चाल वो विपक्ष की
भोली है ये इतनी जनता सारी
कि मति गई है सबकी मारी
बज गया है बिगुल चुनाव का
और बिगुल बजाने का काम
है सौंपा गया सियार को
क्योंकि हुआँ -हुआँ कर चिल्लाना
बेहतर उससे है किसको आता
गिरगिट छुप गई है
जाकर किसी ठूंठ में
है पड़ी वो सदमे में
क्योंकी एकाएक जो
सारे पशुओं ने बदला है रंग अपना
और गुण है गिरगिट का अपनाया

बगुला अब नदी किनारे मछली नही पकड़ता
करता है वो सचमुच के ध्यान और योगा
घड़ियाल भी नही बहाता
अब आँसू घड़ियाली
सारे हैं सुरक्षित वो प्यासे पशु- पँछी
जो जाते हैं नदी किनारे करने ख़ुद को तर
सबकी फितरत गई है कैसे बदल
भाई ये क्या गड़बड़ झाला है
क्योंकि लोकतंत्र के जंगल में
चुनावी बिगुल बजने वाला है

42. वो पगली

वो उलझे बालों वाली
कमसिन सी दिखती एक पगली
सदानीरा सी हैं आँखे उसकी
और सूरत भोली
लोग देखते मगर घृणा से उसको
हँसी लगती उसकी मनहूस सबको
गंदी सी , मैली सी फटे आँचल में
रहती है वो सिमटी
कभी जूठन तो कभी खाती है मिट्टी
कभी सिर को अपने है नोचती
देख उसको उभर आते हैं भाव घृणा के
देख बदबूदार सी उस पगली को
मुँह मोड़ते सब उजालों में
जाने हुआ क्या साथ उसके अंधेरों में
जो खुल कर दिखने वाली घृणा
उभर आई थी एक रोज उदर पे उसके
दुत्कार कर भागने वाले लोगों के
साफ सुथरे हाथों ने
किया स्पर्श किस प्रकार उसको,
क्या ना आई घृणा तब
पगली थी मगर फिर भी
किसी की यातना का अंश
वो सीनेअपने से चिपकाए घूमती थी
बारिश के बाद जब भी धूप खिलती है
आसमाँ पे सात रंगों वाला

पनसोखा है उभर आता

कहते हैं वो इंद्रधनुष बूँदों को लेता है सोख

तभी पनसोखा है कहलाता

कोई पनसोखा आकाश तले

इसके भी खिल जाए

सोख ले नीर नैनों के सारे ,

कुछ रंग भर जीवन में

झोपड़ी तले इसकी छुप जाए

****

((**क्षेत्रीय भाषा में इंद्रधनुष
को पनसोखा कहा जाता**))

43. यादों का कारवाँ

अधखुली पलकों में
कुछ याद धुंधली सी उभर आई
और गुम हो गई पल में
ज्यों बुझती शमा से उठता है धुआँ
और होता है गुम पल में
मैंने तो जलाई थी ,वो बस्तियां यादों की
मगर उठती हैं उनकी लपटें
ऊँची- ऊँची अब तक
ठिकाने कितने ही लूँ बदल
धुँवे का बादल लिए
कुछ कारवाँ यादों का
किसी तेज़ बुर्राक़ पे हो सवार
ढूँढता हुआ मुझ तक आ पहुँचता है
मेरे ज़ेहन में शायद,मकान वो कोई
पुख्ता सा चाहता है बनाना

44. जलपरी

गहरे सागर के तल में
किसी सीपी के घर में
छुप के रहती वो जलपरी
संगमरमर की काया लिए
शफ़्फ़ाक बादलों से लिबास में
बुलबुलों संग उतराती
लहरों संग बहती
तरंगों संग है गुनगुनाती
मगर कहीं छुप के किसी कोने में वो
आहें भरती , सिसकियां है लेती
सिसकियां सुनी बड़ी है उसकी मैंने
ना जाने किस गुनाह की सज़ा है पाई उसने

सूखी ज़मीं उसको क्यों ना रास आई
माना पानी की है वो शहजादी
मगर फ़िर भी
क्यूँ जल बिन मीन की तरह
है वो तड़पती , फड़फड़ाती
सफ़ेद चाँदनी रात और सीप के मोती
मिलकर एक -सा होते हैं जब
वो कुछ देर निकल बाहर पानी से आती है
छिटकी चाँदनी को भर बाहों में अपने
ना जाने किसको है पुकारती
क्या किसी ने दिल तोड़ दिया
समंदर में सिसकियों के तन्हा छोड़ दिया
रहती है मेरे मन में भी एक जलपरी
जज़्बातों के सागर में डूबती -उतराती है
सहेज कर रखती है बड़े जतन से
अनगिनत , अनकहे लम्हों के मोती
समय -समय पर मुझसे मिलती है
अपनी नर्म हथेलियों में ले के हाथ मेरा
दर्द के किसी आलम में
कुछ अपनी कहती है कुछ मेरी सुनती है

45. तासीर

कब आग ठंडी , बर्फ़ गरम हो गई
शोला शबनम और शबनम शोला हो गई
जिसकी जो तासीर थी वो बदल गई
अजब खेला है दुनिया का
पत्थर रूई का हो गया और
रूई सख़्त हो गई
रेत के सिपाही
तूफ़ान से डटने जब गए
तूफ़ानों ने ही बदल लिया था रुख मगर
ज़र्रों को तब ख़ुद पे नाज़ हो आया था
क्या ख़ुश फहमी थी
परेशान सा हर बशर है यहाँ
जो चाहा वो मिला क्यों नहीं
नकली इबादतें ,झूठे सजदे
कब असर हैं छोड़ते
दुआ की क़बूलियत को
सच्चा ईमान चाहिए

46. वो दौर फिर लौट आए

.....

कहीं किसी रोज़ हो ऐसा कि
ख़्वाबों के वो शफ़्फ़ाक परिंदे
लौट आएं फिर से मेरे मुंडेर
कहीं किसी रोज़ हो ऐसा कि
गुलाब की वो आख़िरी पंखुड़ी
जुड़ी रहे जिस्म से फूल के और
वक्त रुक जाए
कहीं किसी रोज़ चर्ख से चले चरखी
कपास के बादलों का बुन पैरहन
करे नज़र ज़मीं को
कहीं किसी रोज़ दौर वो फिर लौट आए
कि फिर जमे महफ़िल दोस्तों की
फिर मिटे दूरियां रिश्तों की

अध्याय47

रात के तीसरे पहर
मेरे ख़्वाबों ने जगाया मुझे झिंझोड़ कर
उनसे मिलने को बेताब तो थी मैं भी
पूछनी थी वजह उनसे ख़ुदकुशी की
और इल्ज़ाम उन्होंने मुझ पे ही लगाया
अपनी क़त्ल का
इल्ज़ाम उनका दुरुस्त भी था
कहा मुझसे उन्होंने
तुमने ही तो मरने दिया हमें
ऐसा ही करना था तो क्यूँ पाला इतनी
मोहब्बत से हमें
मैंने कहा कि
आँखो में जागते हैं ख़्वाब जब
और जब जागती हैं ख़्वाहिशें कभी-कभी
उस वक़्त ये ख़्याल किसे होता कि
शायद ख़्वाब देखने का मुझे तो हक ही नहीं
पलकों में इन्हे सजाने का मुझे हक ही नहीं
मेरा पत्थर बनना भी नामंज़ूर ज़माने को
और मोम सा पिघलना भी नामंज़ूर
ख़्वाबों ने किया सवाल फिर से
वो कौन हैं जो तुमसे छीनते हैं हक़ सारे
मैंने कहा कोई नहीं
ये सारे वहीं हैं मेरे गिर्दा-गिर्द
जिनकी ख़ातिर मैं अपने वजूद को खोती रहती हूँ
मेरे हिस्से आतें हैं बस धुएँ

जिनकी ख़ातिर अपने अरमानों को जला देती हूँ
ताकि ज़रा सी रोशनी हो उनकी राहों में
और वो तोहफा मुझे धुएँ का देते हैं
ये सच है मेरे हसीं ख़्वाबों तुम हो ईंधन
मेरी ज़िन्दगी की लौ के लिए
लौ तो मद्धम सी पड़ी है
ये बुझ भी जाए इक दिन
तुम सब बस यूँ ही चुपके-चुपके दबे पाँव
आते रहना मिलने मुझसे कभी-कभी
और करते रहना बातें मुझसे यूँ ही......

48. एहसास

स्याह रातों में उम्मीदों की वो बन सहर गये एहसास
चले थे जिधर भी हम- तुम ज़ानिब उधर गये एहसास

संभाली थी जो जज़्बातों की एक अनछुई सी मूरत
छूकर उन महकी हुई साँसों को निखर गये एहसास

जब भी ताका जानिब चाँद के आयी नज़र एक सूरत
बनकर हंसी चांदनी आज आँखों में उतर गए एहसास

शीराज़ा हुए सभी पन्ने मेरी तस्व्वुर की एक किताब में
शिरीन सी हर एक याद का दिखा असर गये एहसास

ठिठुरते अरमानों को ज़रूरत बस एक अदद हँसी की
सर्द पड़े होंठों को एक तोहफा कर नज़र गये एहसास

उठती रहीं मौंजें और भिगोती रहीं साहिल को हरदम
आया एक तूफ़ान आँसूओं का बन कहर गए एहसास

चुन -चुन के मोती आरज़ुओं की बनाई थी एक माला
छिना मुक़द्दर ने सब "हिना"और बिखर गये एहसास

49. रूबाई

जज़्बात और रिश्तों में न करो अदावत,
हो रूबरू अगर रब के तो करो नदामत।
खुदा को भी नहीं है पसंद बे खुलूस दिल-
पाक दिल मोहब्बत की करें सभी इकामत।।

हिना

शब्दार्थ*
नदामात =पश्चाताप
खुलूस= स्नेह
इकामत= बसेरा , निवास स्थान

50. ये बंजारे बादल

सावन के महीने में
दूर कहीं से छुप कर
बादल ये बंजारे बदल कर भेष
सागर से भर ,अपने गागर लाते हैं
सावन के महीने में बरखा
पायल छनकाती आती है
रिमझिम बूँदो के गीत सुनाती है
भर जाते हैं जब सारे ताल-तलैया
नाचती है मेंढकी ताता थैय्या
भरे तालों में देख अक़्स अपना
खिली चाँदनी इतराती है
देख हुस्न को अपने खुद ही वो शर्माती है
रूमानियत से होता है भरा ये मौसम
जिसमें हवा ये मनमौजी सनसनाती है
कोई रागनी वो गाती है
हरे -भरे शजरो से जुड़े पत्ते
झूम -झूम कर करते रक़्स
सावन के महीने में धरती
अपने शबाब पे आ जाती है
सौंधी-सौंधी सी खुशबू गीली मिट्टी की
फज़ाओं को महकाती है

51. ज़िंदगी

छुपाने को सर अपना आशियाँ ढूँढती ज़िंदगी
वो तो रेत के ढेर सी ज़र्रा-ज़र्रा बिखरती ज़िंदगी

सर से सरकने ना दे वो कभी आँचल अपना
पैबंद लगे बस एक दामन में सिमटती जिंदगी

ठंडी हवा में लेने को साँस जाने कब से बेकरार
क्यों रफ्ता- रफ्ता आज घुटती सिसकती ज़िन्दगी

तारी है कोई ख़ुमारी ,आँखे उनींदी इस शब में
पर पहलू में मेरे रही करवट बदलती ज़िन्दगी

निकली थी रोशनी की तलाश और उम्मीद में
पर मौत के चिलमन से आज झाँकती ज़िंदगी

पसरा है मातमी सन्नाटा इस शहर-ए-अदावत में
चलती - फिरती लाशों में ज़िंदगी ढूँढती ज़िंदगी

लहू का हर कतरा हो गया है यहाँ पानी "हिना"
क्योंकर ख़ुश्क आँखो में तलाशती पानी ज़िन्दगी

52. वैधव्य

उजाले भी छिन गए
जो एक सुबह आँख खुली
अधखिली सी कली वो
अब धूप के साए से भी है महरूम
रंग उसके छीन लिए गए सारे
दुनिया को मगर ये हक़ दिया किसने
चूड़ी टूटी, कंगन टूटे
टूटा वो मन भी जो था काँच सा
बंद दीवारों के पीछे
सिसकती सी वो कली
पूछ रही कसूर अपना
सफेदी कफ़न सी थोप उसपर
बना क्यों डाला ज़िंदा सी लाश
अब तो बेरंग से आते हैं नज़र
उसे ख़्वाब भी
वैधव्य का बोझ ताउम्र है उठाना अब
सुनो अमलतास की खिलती कलियों
जब भी खिलना तुम
साथ अपने फूलों वाली एक चुनर पीली लाना
हथेलियों पे उस मासूम के
हल्दी सी सज जाना
ज़र्द गालों पे कोई सुख़ी लाना
उसको तुम फिर से श्रृंगार सिखाना

53. पुख़्ता निशान

रेत पे बने निशान क़दमों के
बड़े कच्चे होते दोस्तों
वजूद इनका है तब तक
जब तक आती हुई कोई लहर
मिटा ना दे इन्हें
बनाओ पथरीली राहों पे तुम
निशान कोई पुख़्ता सा
तुमको ढूँढने वाले
पहुँच सके तुम तक
बिन भटके राह

54. छलावा

यूँ छलना भी किस्म - किस्म का होता है
सुनहरा कोई ख़्वाब कोई धोखा होता है

बड़े अनोखे से वो जज़ीरे थे
चारों तरफ़ पानी से घिरे थे
शिद्दत तश्नगी की जब हुई
असलियत मालूम तब हुई
आस-पास वो दरिया न था
कोई धोखा कोई सराब था

यूँ तो चाँद का साथ मेरे चलना
वहम से बढ़ कर ही तो लगता
वो हरदम नज़र तो आता साथ
मगर कभी होता नहीं है साथ
कभी छलिया उसे ना माना था
हमनवा ही हरदम उसे जाना था

होकर नाराज़ एक दिन पहुँची जब
मिलने चाँद से उसके फलक़ तक
रह गई हैरान बड़ी,चाँद तो वहाँ था
मगर दूर तक कोई आसमाँ नहीं था
मुझको रोता देख आईना हंस पड़ा था
अरे मुझे तो मेरी परछाईं ने ही छला था

55. सूखा पत्ता

सूखा हूँ तो क्या हुआ
पत्ता हूँ एक तुम्हारी हीं शाख़ का
जुड़ा हूँ तुमसे अब भी मैं
कभी आएगा दौर वो भी
कोई झोंका मुझे खींच ले जाएगा
कर देगा दूर तुमसे
मगर ना करना तुम दूर
मुझे ख़ुद से
माना नई फूटेंगी फिर कोपलें
बहारें फिर आएंगी
पड़े रहने देना यूँ ही तुम मुझे
अपनी किसी शाख़ के किसी छोर पे
जी लूँगा कुछ देर और
कर के याद इस बात को
कभी तुम मुझसे थे और मैं तुम से था

56. ख़ंजर

सितमगर का हर एक सितम हमने कुछ इस तरह मंज़ूर किया था
क़त्ल का सोचा उसने जब हमारे हमने नज़राना ख़ंजर का दिया था

दिल मांगा हमसे किसी ने तो हमने साथ ये धड़कन भी दे दी
नहीं दिया अगर किसी को कुछ तो बस वो थी अपनी ख़ुद्दारी

अदाएँ बेशक हैं मुझ में मगर मैं अदाकारियाँ नहीं जानती हूँ
ख़ुदा गवाह मैं झूठ और फ़रेब भरी फ़नकरियाँ नहीं जानती हूँ

हिमाक़त तो देखिए ज़रा लोग ख़ुद ही तराश पत्थर ख़ुदा बना लेते
बात हो जब अपने किरदार की तो क्यों तराशने का हुनर भूल जाते

चेहरा तो एक ही है मगर " हिना" नक़ाब कितने लगा रखते हैं लोग
ख़ुदाया ! जुबाँ पर शहद और आस्तीन में ख़ंजर छुपा रखते हैं लोग

57. एक बीज

मिट्टी में रोपा गया एक बीज
होता है अंकुरित ठीक वैसे ही
जैसे गर्भ में माँ की पलता एक शिशु
शिशु के नाल से है जुड़ा
राज़ सारी क़ायनात का
पाता है वो धूप,हवा,पानी, उसी क़ायनात से
करता पोषित ख़ुद को ,फलता और फूलता
और सौंप कर ख़ुद को पुनः उसी सृष्टि में
ख़ुद ही बन सृष्टि जाता है
एक बीज बनकर सितारा
गगन में चमकता है
एक बीज लेकर किलकारियाँ
आँगन में चहकता है
एक बीज सूरज है, एक बीज तारा है
एक बीज में ही संसार समाया सारा है
उससे निकली नन्ही-सी हर पौध मगर
लेकर साथ अपने आई है
एक डोर नश्वरता की,बंधी जो संग साँसों की
यहीं सत्य है सृष्टि का
यही रहस्य है क़ायनात का
जीवन एक झूठ,और मृत्यु ही सत्य है
ना होती मृत्यु तो , जीवन का मोल होता ही क्या
मृत्यु ने दिया है मौका ,ज़िंदगी जीने का भरपूर
तभी तो नन्हा बीज ढूँढ लेता है जीवन
रेतीली ज़मीं पे भी फल कर

58. लाभ हानि

लाभ -हानि सुख और दुख हैं सारे ये जीवन के रंग
इनको करे जो स्वीकार खुशी से आए जीने के ढंग

मौसम तो बदलते हैं जीवन में होगा वही जो है होना
सुख -दुख के चक्रवातों में धर्य अपना नहीं है खोना

मन अपना कारोबारी सा न जाने क्यों लिए फिरते हैं
हर बात को लोग क्यों अपने लाभ-हानि में तोलते हैं

ऐसे तो लेकर साथ में बाट तराजू तब चलना होगा
हर रिश्ते को पलड़े में लाभ- हानि के तौलना होगा

समय का कर सदुपयोग अपना जो भाग्य है बनाते
लाभ-हानि, द्वेष से दूर विश्वास की वो लौ हैं जलाते

निस्वार्थ सेवा चक्रवृद्धि ब्याज-सा जीवन के गणित में
मूलधन तो रहता मूलधन मिलते लाभ ढेरों ब्याज में

लाभ-हानि से परे जो परहित को आत्मसात करता है
बन कर श्रेष्ठ मानव वो तो आत्मविजेता कहलाता है

अपने कष्टों को भूल जो दुखियारों का कष्ट मिटाता है
धरती पर वही तो श्रेष्ठ मानव देवदूत -सा कहलाता है

59. ग़ज़ल

वो अंदलीब अब न जाने क्यूँ गाती नहीं
वादियों से उसकी सदा अब आती नहीं

तल्ख़ सा है बड़ा मौसम का मिजाज़
हवाएँ भी ना जाने क्यूँ गुनगुनाती नहीं

गुमसुम उदास है वो चमकता चाँद भी
क्यूँ उसकी चाँदनी आज मुस्कुराती नहीं

जब दर्द छुपा रखा है सीने में भरपूर
आज शबनम क्यों आँसू बहाती नहीं

ख़्वाबों के रंग सारे हो गए ख़फ़ा मुझसे
इसलिए मैं अपनी पलकें गिराती नहीं

क्योंकि मैं हूँ हमराही इस तारीकी की
नींद इसलिए मुझे रात भर आती नहीं

कहे "हिना" दिल पे ना लो कोई बात
मुनाफ़िक़ नज़रें कभी शरमाती नहीं

शब्दार्थ*"
*अंदलीब=बुलबुल
*सदा=आवाज़
*तल्ख़=कड़वा

*तारीकी=अंधेरा
*मुनाफ़िक़-पाखंडी

60. वक़्त

दिल में अक्सर रह जाती हैआरज़ू
वक़्त मिलता थोड़ा और तो
पूरे हो जाते कुछ काम अधूरे
पर दास्तानें भले ही अधूरी रह जाएं
पेशानी - ए - वक़्त पे कभी
शिकन नहीं आती
गुज़रते वक़्त के पाँव कभी आहट नहीं देते
वो तो बस गुज़र जाते हैं ख़ामोशी से
वक़्त एक दरिया है बहता रहता है
मुठ्ठी में भरे रेत सा फिसलता रहता है
है वो एक चालाक मदारी
खेल दिखाता रहता है हरदम
पर खड़े हैं जो बनकर तमाशबीन
उनको खबर ही नहीं कि
इस खेल के किरदार दरअसल वो ख़ुद हैं
ख़ुद को सिकंदर समझने वालों सुनो
बड़े - बड़े सिकंदर आए और चले गए
वक़्त से ना कोई जीता है और ना जीत पाएगा
सरकशी और ज़ुल्म करने वालों सुनो
हुआ हश्र क्या नमरुद का
किया था जिसने दावा ख़ुदाई का
अदने से मच्छर से हुआ हलाक़
इंसान तेरी औकात बस इतनी सी है
मिट्टी से बना तू और होना तुझे मिट्टी ही है
दौड़ता रहता है सहरा में प्यासे की मानिंद

ओर सराबों के
और अपनी जाँ गँवा बैठता

शब्दार्थ--------------
सरकशी और ज़ुल्म=अत्याचार
नमरुद= एक ताक़तवर ,अत्याचारी बादशाह
सराबों=illusion
खुदाई= ख़ुद को भगवान घोषित करना।

61. क़दमों के निशान

राह माना कठिन है
नहीं दिखता कोई रहबर भी
धूप है कड़ी और है लंबा रास्ता
कदम जलते हैं
मंज़िल दूर है बड़ी
हमसे पहले नहीं गुज़रा
यहाँ से कोई तो क्या
क्यों छोड़ दें हौसला हम
मील के पत्थर हम बनेंगे ख़ुद
रेत पे नहीं ,चट्टानों पे
निशां क़दमों के अपने बनाएंगे
राह आसान हो औरों की
रहबर हम बनेंगे

62. ग़ज़ल

एक गोशा भी ना रोशन कर सके ऐसा कोई सिराज ना बना
कश्ती को मेरे होने दे पार ऐ दरिया कोई आमवाज ना बना

दे थोड़ी सी धूप और थोड़ी सी बारिश हर एक आँगन में
दरियाओं के शहर में ख़ुद को प्यासा मुसाफ़िर आज ना बना

ज़रूरी तो नहीं कि चंद दिरहम से मिल जाए खुशियां हज़ार
सिक्कों की ख़नक को तू गम- ए -दिल का इलाज ना बना

घुटते हैं वो परिंदे चाँदी के कफ़स में जो बने हैं उड़ान की लिए
सोने - चाँदी के ज़िन्दाँ को किसी के सर का ताज ना बना

खताएं इतनी भी ना कर "हिना" कि दुआ मांगने में हो झिझक
ऐ इब्न -ए- आदम तू खुद को दुआओं का मोहताज ना बना

शब्दार्थ*
गोशा - कोना /सिराज- candle ,sun /
अमवाज-waves /Zindan-prison

63. एक जोगन हुई बावरी

एक जोगन हुई बावरी
जब रंग गई
धनक के सात रंग
सुध -बुध खोई
हुई मतवाली
सुन ओ रंगरेजा
यूँ थिरक -थिरक
जब पाँव चले
हवा में रंग गुलाल उड़े
जब- जब नूपुर बाजे
धड़कन करे रक़्स
बन्द पलकों में ले के
तेरा अक़्स
सुन ओ रंगरेजा
लहराई चुनर और
सिंदूरी शाम हुई
कुछ रंग उतर आए
गगन से
रंगने धरती का अंग
तेरे प्रीत संग रंग
एक जोगन हुई बावरी

64. यादें

यादें ! ये यादें !
ऑर्किड के ख़ूबसूरत पत्तों पे लिखी हुई यादें
कुछ -कुछ लहराती मौजों संग बहती हुई यादें

कभी अश्क़ बन वो पलकों से टपकती जाती हैं
कभी मुस्कुराहटों सी होठों पर सजती जाती हैं

कभी- कभी गुनगुनाती जाती हैं वो ख़ामोशियों में
कभी- कभी करती हैं सरगोशियां वो तन्हाईयों में

कभी कोई राग तो कभी कोई साज़ छेड़ जाती हैं
ठहरे हुए पानी में एक नई हलचल सी कर जाती हैं

कुछ दर्द में लिपटी हुई यादें कुछ मरहम सी यादें
कुछ जागी -जागी सी यादें कुछ सोई -सोई सी यादें

जिस ओर हो रुख़ हवा का संग उसके ये बहती हैं
देती है सदाएं रह -रह के अक्सर पुकारती रहती हैं

आ लौट कर फिर उन्हीं भूली- बिसरी सी गलियों में
रह गई जहाँ मैं अकेली और वक़्त वो बढ़ चला आगे

65. पतंग

अंबर पर छाने लगी है उमंग,
देखो उड़ चली री मेरी पतंग ।
कभी इठलाती कभी बलखाती-
हवाओं में भरने अनगिनत रंग ।।

हिना शाइस्ता

66. देश हमारा अभिमान है

हम तो हैं भारत के रहने वाले यह देश हमारा अभिमान है
ना डरता ना झुकता यहाँ बच्चा- बच्चा शेर-ए-हिंदुस्तान है

मत समझ इसे कोई चिड़िया सोने-चाँदी की ,है यह केसरी
सुन इसका गर्जन-तर्जन अन्यथा उठाना तुम्हें नुकसान है

छोड़ा अपना श्रृंगार सारा वीरांगनाओं ने भी शस्त्र उठायी
इतिहास बना गवाह मातृभूमि पे किया सब कुछ कुर्बान है

अलग-अलग खुशबू,अलग-अलग है रंग है, ये ऐसा गुलशन
अलग संस्कृति और अलग है जीने का ढंग यह शबिस्तान है

साथियों मिल कर कदम बढ़ाएंगे मर मिटेंगे देश पर अपने
बन जाये यह स्वर्ग से सुन्दर "हिना" देना अपना योगदान है

****शब्दार्थ*******
शबिस्तान-हरा-भरा सुंदर स्थान,
covered part of mosque

67. स्याही को बहने देते हैं

ऊँची -ऊँची इमारतों से टकरा कर वो सदा लौट आती है
ख़बर नहीं मुझे दिल से निकली मेरी दुआ किधर जाती है

धूप है कड़ी यक़ीनन, वो मुसल्सल कोई साया चाहती है
घुटती साँसें सुखन की तो बस मुख़्तसर सी हवा चाहती है

अज़्म हो चट्टान सा जब कलम तब शमसीर सी बन जाती है
कोरे कागज़ और कलम के दरम्यान वो क़ायनात बन जाती है

ग़ज़लें हैं प्यासी कितनी हम मुसल्सल स्याही को बहने देते हैं
बेपनाह सी बिखरी रातों में छोटी सी एक शमा जलने देते हैं

तहज़ीब की बस्ती में आशियां एक छोटा सा हम बना देते हैं
अपनी ग़ज़ल की गलियों को आज खुशबूओं से महका देते हैं

हिना शाइस्ता

68. ग़ज़ल

आज ही चाँद को गली में अपने बुला लेते हैं
संग खिली चाँदनी हम भी खिलखिला लेते हैं

नग़्में बिखरे हैं हर ओर इस मौसम -ए- बहार में
आज लफ़्ज़ सजा लेते हैं कोई गीत बना लेते हैं

चुनते हैं फिर से आज ओस के मोतियों को हम
चलो फिर से बारिशों संग थोड़ा गुनगुना लेते हैं

कल की ख़बर किसको दोस्तों ,सोचना है क्या
बागों में रूठी तितलियों को फिर से बुला लेते है

क्यूँ है करना इंतेज़ार "हिना"ईद और होली का
मिल के गले दोस्तों के ईद आज ही मना लेते हैं

69. ग़ज़ल

मद्धम सा पड़ा आफ़ताब चमक अभी बाकी है
चाँद के दरीचों में उसकी झलक अभी बाकी है

किरणें सारी जाकर छुप गयीं इक पर्दे के पीछे
धरती के किसी छोर पर शफ़क़ अभी बाकी है

उदासियों के अंधेरों को चीर कर निकल ज़रा
सुरमयी शाम में मुंतज़िर फ़लक़ अभी बाकी है

ना रुक ना ठहर कतरा-कतरा बरस बनके रौशनी
दिल के अंधेरे कोनों में एक कसक अभी बाकी है

कहे "हिना" सुन ज़रा तू बना हमराह मेरा हरदम
ना थक ,लेना ज़िंदगी का सबक अभी बाकी है।।

70. तुरपाई

सुई और धागा बड़े लय ताल से
चलते हैं एक समान
तब जाकर बनती है तुरपाई सुंदर सी
कभी भागते तेज़ दोनों
कहलाते "रनिंग स्टिच"
कभी चलते वो चाल उल्टी
और कहलाते " बैक स्टिच"
मगर जब भी चलते साथ-साथ
जादू अपना चला हीं जाते
तुरपाई सिर्फ हुनर नहीं हाथों का
यह ज़रूरत है ज़िंदगी की
हरे-भरे गांवो में दरी बिछाकर
धूप सेंकती,गप्पे मारती औरतें
बनाती हैं बच्चों के लिहाफ पे
"सुजनी " और करती तुरपाई
"बखिया" भी होता है
सिलाई का एक प्रकार
सभ्यता का चोला पहने
क़दम-क़दम पे हमें मिल ही जाते हैं
बखिया उधेड़ने वाले
तुरुपने का सीख लें हुनर
गाहे-बगाहे यही आता है काम
अपनों के दरम्यान जब आ जाए कुछ फटन
रिश्तों को चिथड़ों में तब्दील होने से पहले
कर लें उनकी तुरपाई , सीख लें कुछ रफ़ुगीरी

हाथों की सुंदर कारीगरी से
भर लें ज़ख्मों के निशान

71. कुदरत की तामीर

बर्फ़ीली शामों की शोख़ियां
थरथराते पत्तों की सरगोशियां
पर्वतों पे रिदा उजली- उजली
फ़लक़ पे शफ़्फ़ाक अब्र की सिलवटों
ने पूछा क्या ये जहाँ कोई और जहाँ है
कहवे के प्याले से उठती गरम बूँदें
ले जाती हैं किसी और जहाँ में
सुनो जाना! ये मौसम की करवट है
जो रह -रह के ले रही अंगड़ाई
शाम के शीरीन लबों पे
सज रहे हैं गुलाब
ये नसीम - ए -खुल्द है या
कोई इत्र घुला समां
जानूँ ना मैं
कुदरत भी है क्या ख़ूब मुसव्विर
शाहकार बनाया जीता- जागता
जहाँ हर लम्हा साँसें लेता है
हर ज़र्रा मुस्काता है
शैदा कैसे ना हो कोई
इस तामीर पे

******शब्दार्थ**********

रिदा - चादर
शफ़्फ़ाक़ अ ब्र - उजला बादल

शिरीन - मीठा
नसीम ए खुल्द -breez of heaven
मुसव्विर- पेंटर
शाहकार - masterpiece
शैदा -मुग्ध
तामीर - निर्माण

शिरीन - मीठा
नसीम ए खुल्द -breez of heaven
मुसव्विर- पेंटर
शाहकार - masterpiece

72. हिंदी

यूँ ही तो कहलाती नहीं हमारी हिंदी
भारत के माथे पे सजी जैसे बिंदी

यह देश का ये सोलहवां श्रृंगार है
मिलते इसमे वो सभी अलंकार है

सुंदर है सरल है ये, ओजस्विनी है
पीपल तले बैठी कोई तपस्विनी है

वीणा में झंकृत है ,अलंकृत है यह
ये तो मंथन सागर का,अमृत है यह

ये सुर है ये ताल है और है ये संगम
राग है ये अनुराग है ये तो है सरगम

स्वर मिले सारे इसमें और हैं व्यंजन
कोमल फूलों पे है भ्रमरों का गुंजन

ये धुन बंसी की है मीरा, है ये राधा
ये प्रीत है कोई गीत है ये है मर्यादा

ये दिलों को दिलों से है सदा जोड़ती
ये बंधन , बेड़ियों को सभी है तोड़ती

ये शिखर है हिमालय की ऊँची -सी

ये गहराई है सागर और नदियों की

धनक की बिखरी सतरंगी वो छटा है
कर दे तर रूह को जो ,काली घटा है

अपनेपन की बस जो देती परिभाषा है
कुछ और नही है वो मेरी हिंदी भाषा है

दिखावे के लिए नहीं दिल से अपनाइए
इस देश की अखंडता का मान बढ़ाइए

73. सर्दी की दस्तक

सुनो चाँद ,
होती है क्या सिहरन तुमको भी
सुनके नाम दिसंबर का
क्या जमते हो तुम भी ठंड से बर्फ़ सा
जब होती दस्तक सर्दी की
समेट कर फाहे बादलों के
सिकुड़ते हो क्या परतों में
लिहाफ़ों के तुम भी
चलती रहती है खींचातानी पैरों की
साथ कंबल के तुम्हारी भी
पुलोवर देता क्या अहसास
जैसे बाहों में दुबका
कोई खरगोश मुलायम सा
आता है दिसंबर आख़िर में साल के
करने अलविदा
ज़िंदगी के एक और साल को
थर-थर ठंड से कांपते हैं
धरती,आकाश चाँद और सूरज
सुबहें होती हैं शबनमी और रातें भी नम सी
खिलते हैं फूल गुलाब के बाग़ों में ख़ूब
जलते दिखते अलाव नुक्कड़ चौराहों पे
चलते दौर चाय और कहवे के
सौगात लिए कोहरे की
दबे पाँव आने वाला दिसंबर
चला भी जाता है कब चुपके से

पता भी नहीं लगता

लेखिका के बारे में

Enter Caption

नाम - हिना शाइस्ता

शिक्षा _ स्नातकोत्तर

Mail _heena.on.litrature20@gmail.com

लेखिका का परिचय = बचपन से ही साहित्य एवं कला में रुचि रही है। लेखन कार्य में चार वर्षो से सक्रिय हैं।राष्ट्रीय एवं अंतर्राष्ट्रीय स्तर के विभिन्न ऑनलाइन प्लेटफार्म पे अनेकों रचनाएं प्रकाशित एवम् पुरस्कृत हो चुकी हैं। सामाजिक मुद्दों पे लिखना पसंद करती हैं। कविता और कहानियां

लिखने के साथ ही साथ वे एक बेहतरीन "चित्रकार" हैं।

रुचियां= बागवानी करना और फूलों से बातें करना अच्छा लगता है। इसके अतिरिक्त भारतीय विलुप्त व्यंजनों की जानकारी हासिल करना , उनको बनाना और साझा करना पसंद है।